MODÈLES D'ANALYSES

DE

PROCÈS-VERBAUX

POUVANT S'APPLIQUER

A tous les cas qui se rencontrent dans le service de la gendarmerie

---

6ᵉ ÉDITION

Revue, corrigée et augmentée

PARIS

HENRI CHARLES-LAVAUZELLE

Éditeur militaire

10, Rue Danton, Boulevard Saint-Germain, 118

(MÊME MAISON A LIMOGES)

8° F Pièce
4505

MODÈLES D'ANALYSES

DE

PROCÈS-VERBAUX

MODÈLES D'ANALYSES

DE

PROCÈS-VERBAUX

POUVANT S'APPLIQUER

A tous les cas qui se rencontrent dans le service
de la gendarmerie

6ᵉ ÉDITION

Revue, corrigée et augmentée

PARIS

HENRI CHARLES-LAVAUZELLE

Éditeur militaire

10, Rue Danton, Boulevard Saint-Germain, 118

(MÊME MAISON A LIMOGES)

DÉPOT LÉGAL HAUTE-VIENNE Nᵒ 39

MODÈLES D'ANALYSES

DE

PROCÈS-VERBAUX

POUVANT S'APPLIQUER

A tous les cas qui se rencontrent dans le service de la gendarmerie.

RÈGLE GÉNÉRALE

Écrire les noms propres en gros caractères et très lisiblement.

CHAPITRE PREMIER

ARRESTATIONS.

Nota. — 1° Les procès-verbaux d'arrestation doivent être individuels. — 2° Ils mentionneront toujours que les individus arrêtés ont été minutieusement fouillés. — 3° Le signalement figurera toujours à la suite du procès-verbal. — 4° Pour les arrestations en vertu de mandats de justice, mentionner dans le corps du procès-verbal : le nom, la qualité et la demeure du juge mandant ; la date des mandats et les faits, quand on pourra les connaître, dont les individus sont prévenus.

Toutes les fois que c'est possible, les P.-V. doivent mentionner les prénoms, le lieu de naissance, l'âge, le domicile et la profession des inculpés non arrêtés (Circ. du 12 août 1859). Y ajouter également, après les signatures, les renseignements pour l'application de la loi du recrutement lorsqu'il s'agit d'un crime ou d'un délit grave (classe à laquelle il appartient, commune dans laquelle il a été porté sur le tableau de recensement). (Circ. du Ministre de la justice en date du 31 mai 1883.)

1. L'arrestation en flagrant délit d'assassinat;

2. L'arrestation en flagrant délit de meurtre;
3.   —   —   de vol;
4.   —   —   d'escroquerie;
5.   —   —   comme perturbateur;
6.   —   —   comme embaucheur;
7.   —   —   d'incendie;
8.   —   —   de contrebande;

9. L'arrestation pour colportage d'écrits ou d'emblèmes séditieux, ou de fausses nouvelles;

10. L'arrestation pour vente d'écrits sans autorisation;

11. L'arrestation en vertu d'un mandat d'arrêt;

12. L'arrestation en vertu d'un mandat d'amener;

13. L'arrestation en vertu d'un mandat de dépôt;

14. L'arrestation en vertu d'un extrait de jugement;

15. L'arrestation pour rébellion ou outrages envers la gendarmerie;

16. L'arrestation pour port illégal d'uniforme ou de décorations;

17. L'arrestation pour mendicité, défaut de papiers et vagabondage ou rupture de ban;

18. L'arrestation comme porteur, détenteur

ou distributeur d'armes, ou de munitions de guerre ;

19. L'arrestation pour avoir chassé masqué ou la nuit, etc.,

Du nommé MONGLADE (Lucien), 40 ans, serrurier, né à....., canton de..... (Isère).

20. L'arrestation comme évadé de la maison d'arrêt de..... (Drôme) du nommé PASCANAT (Jules), 30 ans, menuisier, né à....., canton de..... (Ain), condamné à 5 ans de prison pour vol ;

21. L'arrestation comme évadé du bagne de ..... du nommé JUD (André), 40 ans, tailleur d'habits, né à....., canton de..... (Haute-Vienne), condamné à 20 ans de travaux forcés pour vol ; .

22. L'arrestation comme évadé du dépôt de mendicité ou de l'asile des aliénés de..... du nommé PETIT (Pierre), 30 ans, sans profession, né à....., canton de..... (Haute-Vienne).

23. L'arrestation comme évadé des mains de la gendarmerie du nommé COSTE (Pierre), 25 ans, forgeron, né à....., canton de..... (Gard), condamné à deux ans de prison pour vol ;

24. L'arrestation en vertu d'un signalement numéro 1 ;

25. L'arrestation comme déserteur ;

26.   —   pour absence illégale,

Du nommé TARDIEU (François), 23 ans, né à....., canton de..... (Cantal), soldat de 2ᵉ classe au 2ᵉ régiment d'infanterie ou marin du vaisseau l'*Océan*, déserteur ou absent depuis le..... 189...

27. L'arrestation comme insoumis du nom-

mé JOLIBOIS (Georges)..... ans, né à.....,
canton de..... (Haute-Garonne), de la cl. 18...,
désigné pou · le 15° régiment de dragons ou
réserviste de la classe 18... ou territorial de
la classe 18..., qui n'a pas répondu à l'appel
pour une période d'instruction.

28. L'arrestation du nommé J. X....., né
à..... (Nord), âgé de....., se disant mécani-
cien, pour s'être fait servir à boire et à man-
ger chez le sieur B...... aubergiste à..... (Pas-
de-Calais), sachant qu'il était dans l'impossi-
bilité absolue de payer.

CHAPITRE II

CRIMES.

NOTA. — Ne jamais citer d'articles du Code pénal,
la plupart étant sujets à des interprétations que la
jurisprudence a fixées, il est vrai, mais qui sont géné-
ralement inconnues des gendarmes.

Voir la circulaire du 27 juillet 1907 au sujet de
l'état d'ivresse d'un inculpé au moment du crime et
celle du 19 octobre 1909 sur les renseignements à
fournir au sujet de l'éducation reçue par les inculpés
jusqu'à 18 ans.

29. Un assassinat commis à......, canton
de..... (Haute-Vienne), sur le nommé JOUAN-
NEAU (Jean), 44 ans, boulanger à....., canton de..... (Haute-Vienne), par le nommé
THOMAS (Auguste), 35 ans, journalier à.....,
canton de..... (Creuse). Ou auteur inconnu.
Ou auteur soupçonné, le nommé......

30. Une attaque sur la voie publique commise contre le nommé BOULAN (Jacques), marchand de bestiaux à....., canton de..... (Seine-et-Oise), par le nommé GUY (Léon), 40 ans, charpentier à....., canton de..... (Lozère).

31. Un attentat à la pudeur commis sur la nommée GRIGNON (Jeanne), 19 ans, couturière à....., canton de..... (Aisne), par le nommé BÉROT (Pierre), berger au même lieu.

32. L'émission de fausse monnaie à..... (Lozère) par un inconnu ou par le nommé APTS (Léon), 45 ans, fondeur à....., canton de..... (Cantal).

33. Un empoisonnement commis à..... (Yonne) par le nommé PERTON (Pierre), 27 ans, fermier audit lieu, sur la nommée BRUN (Marie), sa femme.

34. La fabrication de fausse monnaie à..... (Yonne), par un inconnu ou par le nommé APTS (Léon), 38 ans, mouleur à.. ..., canton de..... (Aisne).

35. Un incendie par malveillance (1) au préjudice du sieur MULLER (Pierre), fermier à..... (Hérault). Auteur inconnu ou auteur soupçonné, le nommé GESTIN (Jean), 37 ans, voiturier à....., canton de..... (Gard). Pertes, 2,000 fr. environ. Assurance de 3,000 fr. ou sans assurance.

---

(1) L'incendie *par malveillance* doit être démontré par les preuves les plus convaincantes. L'estimation des pertes n'est qu'approximative et reproduite en chiffres ronds.

(*)

36 Un infanticide commis sur un enfant nouveau-né ou âgé de 6 mois, du sexe masculin, par sa mère, la fille ou la femme PIC (Adèle), 20 ans, domestique à..... canton de..... (Ariège).

37. Un meurtre commis à..... (Haute-Garonne), sur le nommé JOUANNEAU (Jean), 35 ans, boulanger à... ..canton de .... (Haute-Garonne), par un inconnu ou par le nommé FELICIEN (Jules), 47 ans, serrurier à..... canton de.....(Gironde).

38. Une tentative d'assassinat ;
39.   —   d'empoisonnement ;
40.   —   de viol,
Commise à. ... canton de..... (Nord), sur la nommée MERINDOL (Marie), 21 ans, couturière à....., canton de..... (Nord), par le nommé THOMAS (Auguste), 41 ans, maçon à....., canton..... (Nord).

41. Un viol commis sur la nommée GRIGNON (Marie), 20 ans, couturière à ...., canton de..... (Eure), par le nommé FABRE (Jean), 28 ans, menuisier à..... canton de..... (Eure)....

42. Un vol (indiquer successivement les objets et leur valeur) commis à l'aide d'escalade et d'effraction au préjudice du sieur BAU (Antoine), propriétaire à....., canton de..... (Isère). Auteur soupçonné, le nommé BOMPART (Jean), 32 ans, domestique audit lieu, ou auteur inconnu.

43. Un avortement procuré à la nommée F. M....., âgée de....., demeurant..... (Vosges), par le nommé X. P....., médecin à..... (Vosges).

44. Tentative d'avortement pratiquée sur

elle-même par la nommée J. V....., âgée de....., demeurant à..... (Vosges), avec les conseils de la nommée P. R...., sage-femme à....., âgée de.....

45. Menaces de mort, sous conditions, par écrit anonyme ou signé, par le nommé P. J....., cultivateur, âgé de 40 ans, demeurant à..... (Eure), contre le sieur X....., cultivateur au même lieu.

CHAPITRE III

DÉLITS.

Nota. — 1° Sauf pour les délits de chasse, il vaut mieux ne pas citer les articles de loi ou du Code pénal pour les motifs donnés au chapitre II. — 2° Ne jamais omettre de signaler au bas du procès-verbal que l'original a été visé pour timbre et enregistré en débet, dans tous les cas où cette formalité doit être remplie (art. 296 du décret du 20 mai 1903). — 3° Reproduire les signatures des personnes qui, dans certains cas, peuvent avoir été appelées à signer avec les rédacteurs.

Voir la circulaire du 27 juillet 1907 au sujet de l'ivresse d'un inculpé au moment du délit et celle du 19 octobre 1909 sur les renseignements à fournir au sujet de l'éducation reçue par les inculpés jusqu'à l'âge de 18 ans.

46. Un délit de chasse au fusil, sans permis, en temps non prohibé ;

47. Un délit de chasse au fusil, en temps prohibé ;

48. Un délit de chasse avec des engins prohibés ;

49. Un délit forestier dans la forêt de Rochechouart;

. 50. Un délit de pêche en temps prohibé;

51. Un délit de pêche avec des engins prohibés,

Commis par le nommé DEVAU (Jules), 28 ans, plâtrier à....., canton de..... (Gironde).

52. Une escroquerie d'une somme de 200 francs commise au préjudice du sieur FOURNIER (Jean), propriétaire à..... canton de..... (Gironde), par le nommé CADET (Pierre), 21 ans, menuisier à....., canton de..... (Gironde).

53. Une falsification de pain, café, etc. (indiquer la denrée), par le nommé RIBOT (Georges), boulanger ou épicier à..... canton de..... (Loir-et-Cher), avec matières nuisibles à la santé (1).

54. Une mutilation d'arbres (perte, 50 fr.), au préjudice du sieur LUCAS (Jean), propriétaire à....., canton de..... (Haute-Vienne). — Auteur soupçonné, le nommé MATHIEU (Louis), 40 ans, journalier audit lieu.

55. Une rébellion ou des insultes proférées contre la gendarmerie, par le nommé BRUET (Joseph), 40 ans, cultivateur à....., canton de .... (Yonne).

56. Une rixe survenue à....., canton de.... (Hérault), entre les nommés BERTRAND (Jules), maçon à....., canton de.... (Corrèze), et LECONTE (Jean), journalier à....., canton de..... (Hérault).

57. La saisie d'armes ou de munitions de

---

(1) Les denrées sont saisies.

guerre au domicile ou sur la personne du nommé PERRIER (Louis), 40 ans, propriétaire à....., canton de..... (Gard).

58. La saisie d'engins de chasse prohibés (1) sur le nommé JANTON (Pierre), 50 ans, propriétaire à....., canton de..... (Gard).

59. La saisie d'un fusil de chasse abandonné (2) par un délinquant demeuré inconnu.

60. La saisie d'un jeu de hasard tenu par le nommé JUSTIN (Alexandre), 27 ans, journalier à. ...., canton de..... (Gard). (Récidive.)

61. La saisie de lettres transportées en fraude par le nommé SIMON (François), voiturier à....., canton de..... (Aisne).

62 La saisie de marchandises-prohibées ou transportées en fraude sur le nommé ou au domicile du nommé RENOUARD (Jules), 33 ans, voiturier à..... (Eure).

63. La vente à faux poids ou fausses mesures de pain, vin, etc., par le nommé BRUN

---

(1) Hors le flagrant délit, la gendarmerie n'a pas le droit de rechercher dans le domicile d'un citoyen des engins prohibés, à moins qu'elle n'y ait été autorisée par une ordonnance du juge d'instruction. (Arrêt de la cour de Rennes du 10 avril 1847.) — Un réquisitoire du procureur de la République ne suffirait pas pour autoriser les recherches à domicile. (Cour de Rouen, 31 janvier 1845.)

(2) Il est expressément défendu de désarmer un chasseur.

(Jean), boulanger ou boucher à....., canton de..... (Calvados) (1).

64. La vente, avec des poids ou mesures différents de ceux que la loi en vigueur a établis, de pain, vin, etc., par le sieur X....., boulanger à..... (Yonne) (1).

65. Des voies de fait suivies de blessures exercées sur le nommé OGIER (Pierre), serrurier à..... (Eure), par PROPIN (Jean), maçon à ..... canton de..... (Eure).

66. Un vol (indiquer les objets et leur valeur) commis au préjudice du sieur JAC (Jules), propriétaire à..... (Somme). — Auteur inconnu ou auteur soupçonné le nommé PHILIPPE (François), 19 ans, domestique audit lieu.

CHAPITRE IV

CONTRAVENTIONS.

Nota. — 1° Pour toute espèce de contravention, on relatera, dans le corps du procès-verbal, les articles et la date de la loi, du décret, du règlement ou de l'arrêté en vertu desquels la contravention a lieu, et, lorsqu'il s'agira du Code pénal, on citera les articles seulement. — 2° Ne jamais omettre d'indiquer au bas du procès-verbal que l'original a été visé pour timbre et enregistré en débet (art. 297 du décret du 20 mai 1903). — 3° Toutes les fois qu'une contra-

---

(1) Les poids et mesures faux ou non usités sont toujours saisis. Ces délits peuvent n'être que de simples contraventions quand il y a peu de gravité et la première fois.

vention a lieu chez un particulier, qu'il soit ou non présent, il est responsable, s'il est le chef de la maison; c'est donc à son nom que le p ocès-verbal est dressé, et non à celui de sa femme, de son enfant, de son domestique ou autre. (Ex. : Retard à la fermeture des cafés.) — Lorsque la contravention a lieu hors de la maison, le procès-verbal est dressé au nom du contrevenant même, et il suffit de citer le nom du patron ou du père dans le corps du procès verbal. (Ex. : Domestique monté et endormi sur la charrette qu'il conduit.)

67. Une contravention à la police du roulage pour longueur d'essieu au-dessus de 2^m,50 ;

68. Une contravention à la police du roulage pour saillie des moyeux au-dessus de 12 à 14 centimètres ;

69. Une contravention à la police du roulage pour clous à tête de diamant, ou formant saillie de plus de 5 millimètres sur la bande ;

70. Une contravention à la police du roulage pour voiture attelée de plus de 5 ou 8 chevaux (marchandises) (1) ;

71. Une contravention à la police du roulage pour voiture attelée de plus de 3 ou de 6 chevaux (voyageurs) (1) ;

72. Contravention à l'article 7 du règlement du 10 août 1852 pour franchissement des barrières de dégel, etc. ;

73. Une contravention à la police du roulage pour traverser un pont suspendu au trot, etc. ;

---

(1) L'emploi de chevaux de renfort n'est autorisé que là où les poteaux l'indiquent. En temps de neige ou de verglas, l'on peut atteler à une voiture autant de chevaux que l'on veut et alors il n'y a pas contravention

74. Une contravention à la police du roulage pour ne pas s'être rangé à sa droite et n'avoir pas laissé libre au moins la moitié de la chaussée ;

75. Une contravention à la police du roulage pour stationnement sans nécessité (1) sur la voie publique d'une voiture attelée ou non attelée ;

76. Une contravention à la police du roulage pour chargement ayant plus de 2^m,50 de largeur ;

77. Une contravention à la police du roulage pour largeur de collier excédant 0^m,90 ;

78. Une contravention à la police du roulage pour défaut de distance entre chaque convoi ;

79. Une contravention à la police du roulage pour défaut de guides ou monté et endormi sur sa voiture ;

80. Une contravention à la police du roulage pour défaut d'éclairage ;

81. Une contravention à la police du roulage pour défaut de plaque, ou plaque fausse, ou plaque illisible ;

82. Une contravention à la police du roulage pour diligence non conforme aux règlements ;

83. Une contravention à la police du roulage pour défaut de lettre de voiture ;

84. Une contravention à la police du roulage pour postillon ayant quitté ses chevaux ou ivre ou n'ayant pas 16 ans au moins, etc., etc,

---

(1) L'interdiction n'est pas absolue et le règlement doit être appliqué avec intelligence et modération.

Commise par le nommé MICHEL (Pierre), domestique à....., canton..... (Eure).

85. Une contravention de simple police (chien errant ou sans collier ou pour n'avoir pas retenu son chien) ;

86. Une contravention de simple police (retard à la fermeture des lieux publics) ;

87. Une contravention de simple police (défaut de registre, ou défaut d'inscription de voyageurs, ou refus de montrer ce registre) ;

88. Une contravention de simple police (cheval abandonné, ou divagation d'animaux, ou fous furieux) ;

89. Une contravention de simple police (voiture abandonnée dans une rue) ;

90. Une contravention de simple police (dépôt de matériaux) ;

91. Une contravention de simple police (auberge sans lanterne) ;

92. Une contravention de simple police (animaux morts non enfouis) ;

93. Une contravention de simple police (matériaux ou tranchée sans éclairage) ;

94. Une contravention de simple police (feu de cheminée) ;

95. Une contravention de simple police (mauvais traitements envers les animaux) (1) ;

96. Une contravention de simple police (bruit et tapage nocturne) ;

97. Une contravention de simple police (jet d'immondices ou corps durs sur des personnes) ;

---

(1) Ne jamais omettre dans le corps du procès-verbal s'il y a récidive.

98. Contravention pour avoir omis d'écheniller malgré l'arrêté, etc., etc. ;

99. Contravention pour refus d'acceptation de monnaies nationales ou étrangères, comprises dans la convention monétaire, ni fausses ni altérées, selon la valeur pour laquelle elles ont cours ;

100. Contravention pour tenue de jeu de hasard ou loterie dans les rues, chemins, sur les places publiques, etc. (1re fois) (1) ;

101. Contravention pour exposition et mise en vente de comestibles gâtés ou corrompus ou nuisibles (2),

Commise par le nommé ANDRÉ (Jules), cafetier et aubergiste à....., canton de..... (Creuse).

102. Une contravention au règlement sur les convois militaires commise par DUROT (Paul), convoyeur à....., canton de..... (Doubs).

103. Une contravention de grande voirie (dégradations de routes, de fossés bordant la route, etc.) commise par LOGAT (Jean), voiturier à..... (Doubs).

104. Une contravention pour ivresse manifeste et publique (3) commise par ROGER (Pierre), 28 ans, portefaix à..... (Yonne).

105. Une contravention pour refus de secours, d'engins, etc., en cas d'incendie et d'inondation ou autres sinistres ou événe-

---

(1) Saisir les instruments, enjeux, etc.
(2) Détruire ces comestibles.
(3) L'original est toujours adressé au procureur de la République.

ments, par le nommé X....., propriétaire
à..... (Yonne.)

CHAPITRE V

FAITS DIVERS.

Nota. — Sans avoir la qualité d'officier de police
judiciaire en matière civile, les chefs de brigade sont
souvent appelés, néanmoins, à recevoir des déclara-
tions, ainsi que les gendarmes. Dans ce cas, il faut
éviter de rédiger les procès-verbaux à la première
personne, et se couvrir, autant que possible, en fai-
sant signer volontairement les plaignants ou les té-
moins, ce qui empêche plus tard bien des ennuis pour
la gendarmerie, si les signataires se contredisent eux-
mêmes devant les tribunaux.

Les chefs de brigade ne sont pas tenus de reproduire,
en tête des procès-verbaux, les instructions données
par les magistrats, et ils doivent conserver dans leurs
archives les demandes de renseignements émanées des
parquets, au lieu de les leur renvoyer avec leurs réponses (Instructions sur les inspections techniques de
la gendarmerie).

Les militaires de la gendarmerie ne doivent pas
satisfaire aux demandes de renseignements qui leur
sont adressées par les commandants des bureaux de
recrutement touchant l'instruction, l'écriture, la profession, l'aptitude physique, le signalement, etc., des
jeunes soldats. Ces renseignements doivent, suivant le
cas, être fournis par les maires, instituteurs, sous-pré-
fets, etc. (Circulaire du 8 octobre 1904.)

Les procès-verbaux soumis au visa pour timbre
doivent être établis sur un papier correspondant à la
dimension de la demi-feuille à 0 fr. 60 et, si l'acte
comporte plus de développements, à celle de la feuille

à 1 fr. 20 de manière à réduire au minimum les frais de timbre mis à la charge des condamnés en matière correctionnelle et de police. (Circulaire du 26 décembre 1901.)

Les dimensions sont : 250/176, avec marge de 0ᵐ,04. Circulaire du 21 janvier 1905.)

106 *a*. Un incendie, dont la cause est inconnue, mais auquel la malveillance paraît être étrangère ;

106 *b*. Un incendie accidentel ;

107. Commencement d'incendie accidentel,

Au préjudice du sieur GAVOT (Jean), propriétaire à..... (Creuse). Pertes (4,000 francs environ.) — Assuré pour 3,000 francs ou non assuré.

108. Une blessure accidentelle ou des blessures accidentelles causées par le nommé GRAND (Georges), cultivateur à....., canton de..... (Haute-Savoie), à la nommée MAURIN Marie), journalière audit lieu.

109. Une mort accidentelle du nommé JUDE (René), 21 ans, cultivateur à..... (Cantal), tombé sous les roues de sa voiture ou noyé dans la rivière de.....

110. Un suicide par immersion ;

111. Un suicide par asphyxie ;

112.　　—　　par strangulation ;

113.　　—　　à l'aide d'une arme à feu ;

114.　　—　　à l'aide d'un instrument tranchant ;

115.　　—　　sous les roues d'un train en marche, etc.,

Du nommé LOCHON (Jean), 50 ans, ban-

quier à..... (Dordogne), ou d'un individu dont
l'identité n'a pu être reconnue.

116. Les recherches infructueuses en vertu
d'un signalement n° 1 du nommé PARIS,
(Jean), déserteur du 19e de ligne ou insoumis
de la classe 1880.

117. Les recherches infructueuses en vertu
d'un état signalétique du nommé PARIS (Jean),
soldat de 2e classe au 19e de ligne, manquant
aux appels du.....

118. Les recherches infructueuses en vertu
d'un mandat d'amener ;

119. Les recherches infructueuses en vertu
d'un extrait de jugement ;

120. Les recherches infructueuses en vertu
d'un extrait de jugement,

Du nommé HARGOIN (Georges), cultivateur à..... (Calvados).

121. De nouveaux renseignements sur un
vol commis au préjudice du sieur BONNET
(Jean), propriétaire à..... (Orne). Auteur inconnu ou auteur soupçonné, le nommé.....,
etc., etc.

122. Une perquisition infructueuse (service
des postes) faite dans la voiture et sur la
personne du nommé DÉJASE (Louis), con-
ducteur de la voiture de Limoges à Bellac
(Haute-Vienne).

123. Des renseignements sur la position de
fortune et de famille du nommé GUY (Alexandre), soldat au 1er dragons, qui demande à
rentrer dans ses foyers comme soutien de
famille, — ou réserviste de la classe 18.....,
qui demande un sursis ou une dispense pour
la prochaine période d'instruction.

124. Déclaration d'une plainte portée à la gendarmerie par le nommé CHABAS (Jean), cultivateur à....., canton de.... (Eure), contre le nommé FERT (Pierre), maquignon à....., canton de..... (Orne).

125. Déclaration d'une plainte en adultère portée à la gendarmerie, par la dame X....., ménagère à..... (Haute-Garonne), contre son mari, négociant au même lieu, et la nommée Y....., âgée de....., sans profession, demeurant à..... (Haute-Garonne). — (Ou inversement, pour la plainte d'un mari contre sa femme).

CHAPITRE VI

PRÉVÔTÉS.

126. Un délit de chasse en temps prohibé commis par le nommé ANDRÉ (Charles), soldat de 2ᵉ classe au 20ᵒ chasseurs à cheval.

127. La mise en vente d'un quartier de porc ladre et avarié par le nommé THOMAS (Jules), âgé de 55 ans, cantinier au 102ᵉ d'infanterie.

128. Un vol de bouteilles de vin dans une ferme par des militaires (auteurs inconnus).

129. L'arrestation en flagrant délit d'espionnage du nommé SCHWARTZ (Auguste), âgé de 33 ans, sans profession, se disant domicilié à Bruxelles.

130. La disparition du sieur GEORGES (Charles), âgé de 49 ans, domestique, attaché à la personne de M. le général X..., commandant le 15ᵉ corps d'armée.

131. Une contravention pour défaut de pla-

que commise par le sieur..... cantinier pa-
tenté au 17e régiment d'infanterie.

132. La saisie d'un broc de lait falsifié ou
altéré, mis en vente par le nommé..... âgé de
40 ans, épicier à......

132. La saisie d'une série de poids faux, non
vérifiés et non poinçonnés, appartenant au
sieur....., qui en fait habituellement usage dans
son commerce.

132. Une arrestation d'un cantinier disant
se nommer BERTRAND (Jules), né à.....,
le..... de..... et de....., porteur d'une patente
fausse.

133. Des recherches infructueuses, en vertu
d'une commission rogatoire, de divers objets
soustraits frauduleusement au sieur L....., âgé
de 27 ans, boulanger à Vervins (Meuse).

Paris et Limoges. — Impr. milit. Henri CHARLES-LAVAUZELLE.

Librairie Militaire Henri CHARLES-LAVAUZELLE

Paris et Limoges

Décret du 14 octobre 1905 portant règlement sur le service intérieur de la gendarmerie départementale. — Volume arrêté à la date du 14 octobre 1905. In-8° de 204 pages............ 1 25

Carnet-guide du gendarme, dressé sous forme de questionnaire par demandes et réponses sur les lois et règlements à l'usage de la gendarmerie (20e édition, revue, augmentée et mise à jour). — In-32 de 246 pages, planche des fanions en chromc-lithographie, cartonné souple................ 1 25

Manuel du gendarme pour servir à la rédaction des procès-verbaux, indispensable à tous les sous-officiers, brigadiers et gendarmes soucieux de bien remplir leur mission (13° édition). — Vol. in-32 de 96 pages................................... » 80

Correspondance militaire pratique, par le commandant Ch. Romagny, ancien professeur à l'Ecole militaire d'infanterie. — Vol. in-8° de 212 pages................................. 3 »

Manuel pratique à l'usage des militaires de tous grades de la gendarmerie, par le lieutenant Lamotte. — Volume in-18 de 424 pages................. 3 »

Etude résumée des principaux caractères du Signalement descriptif, dit « Portrait parlé » (*Méthode Bertillon*), par le capitaine Camille Pierre, de la garde républicaine (6° édition). — Brochure in-8° de 72 pages, ornée de 94 figures......... 2 50

Procédés actuels de recherche et de surveillance des malfaiteurs et autres individus dangereux. — Amélioration dont ils paraissent susceptibles, par le capitaine de gendarmerie Fabre, ancien élève de l'Ecole polytechnique. — Brochure in-8° de 70 pages.................. 1 25

Impressions de grève, par le capitaine E. Laurent, du 26° régiment d'infanterie, avec une préface de M. R. Poincaré, sénateur. — Volume in-8° de 72 pages.................... 2 »

ary

Librairie militaire Henri CHARLES-LAVAUZELLE

Paris et Limoges

Dictionnaire des connaissances générales utiles à la gendarmerie, par le général L. Amade, et M. E. Corsin, chef d'escadron de gendarmerie (17e édition). — Fort volume in-8° de 834 pages, relié pleine toile gaufrée..................... 6 »

Guide formulaire de la gendarmerie dans l'exercice de ses fonctions de police judiciaire, civile et militaire, par Etienne Meynieux, président du tribunal civil de Saint-Etienne, docteur en droit (15e mille). — Volume in-8° de 560 pages, relié toile. 6 »

Nouveaux Codes français et lois usuelles civiles et militaires. Recueil spécialement destiné à la gendarmerie et à l'armée (15e mille). — Volume in-32 de 1.210 pages, relié pleine toile gaufrée. 5 »

Recueil de la jurisprudence à l'usage de la gendarmerie, par E. Corsin, chef d'escadron de gendarmerie. — Vol. in-8° de 400 p., relié toile. 3 »

Principes de droit criminel, administratif et de médecine légale, par demandes et par réponses, par F. Pellegry, lieutenant de gendarmerie, gradué en droit. — Vol. in-18 de 192 p., 4 grav. 2 »

Manuel des théories à l'usage de la gendarmerie, par un officier supérieur de l'arme (31e édition). — Volume in-18 de 298 pages.......... 2 »

Carnet-guide du gendarme, dressé sous forme de questionnaire par demandes et réponses sur les lois et règlements à l'usage de la gendarmerie (19e édition, revue, augmentée et mise à jour). — In-32 de 252 pages, planche des fanions en chromolithographie, relié toile..................... 1 25

Dictionnaire du gendarme. Instruction, service, devoirs, obligations, droits, intérêts personnels et de famille. (2e édition.) — In-32 de 312 pages, relié toile gaufrée. .... 1 »

www.ingramcontent.com/pod-product-compliance
Ingram Content Group UK Ltd.
Pitfield, Milton Keynes, MK11 3LW, UK
UKHW021042120726
13693UKWH00005B/2364